VIE

VOLUPTUEUSE

ENTRE LES

CAPUCINS

ET LES

NONNES,

PAR

la Confession d'un Frere de l'Ordre.

à COLOGNE,

chez PIERRE LE SINCERE,

M. D. CC. LIX.

LE
LIBRAIRE
AU
LECTEUR.

CEs Memoires qui me font tombés entre les mains, & que des Perſonnes, qui

ont

ont en horreur l'impofture à qui l'hypocrifie préte le mafque de la verité, ont jugé dignes de voir le jour, doivent être lús avec les mêmes difpofitions d'ef-prit qu'ils ont été écrits. Un homme fimple & fans lettres, mais très - fincere, ayant été l'Auteur de cet Ouvrage, l'on n'y doit point chercher l'élegance du ftile ni même un ordre fort

fort regulier. L'on y doit
simplement rechercher la
verité, qu'il faut prendre
la peine de tirer de l'obscu-
rité de cent pensées confu-
ses & mal cousues qui l'en-
velopent & lui derobent un
peu son éclat. J'aurois fait
volontiers la depense de le
faire remettre dans un autre
ordre qui auroit été soute-
nu d'un langage plus poli,
moins languissant, moins

* 3   ram-

rampant & moins plat, si
des personnes de bon goût,
qui n'ont pas traité cette
Piéce de fade bagatelle, ne
m'avoient flatté qu'elle sera
mieux reçue des esprits bien
faits dans son état de mai-
greur que dans l'enflure qui
pourroit peut-être en effacer les graces, qui quoique
mediocres lui sont tout à
fait naturelles.

CON-

CONFESSION

DE LA VIE

VOLUPTUEUSE

ENTRE LES

CAPUCINS

ET LES

NONNES.

L'On se trompe souvent à la phisionomie. La disposition exterieure du corps n'est pas toûjours la fidelle interprete du cœur. Il est aisé de

cacher fous des apparences religieufes, des inclinations profanes. Il n'eſt
rien aujourd'hui de plus commun
que le maſque : mais ſi tout le monde le met en uſage, il ſied extraor-
dinairement bien à ces gens qui ſemblent renoncer au ſiecle, & qui nou-
riſſent cependant ſous un habit pe-
nitent, l'amour des plaiſirs, qu'ils
ſe font volontairement interdits. Entre cette forêt de Moines qui portent
de profeſſion le maſque, les Capucins s'en ſervent avec tant d'avantage, que c'eſt à la faveur de ce voile hypocrite, que ces Satyres cou-
vrent des paſſions infames, & donnent de hautes idées d'une moderation qui eſt l'objet de leur mépris.
Cette moderation contrefaite leur eſt
ſi utile, que c'eſt par elle qu'ils ont
entrée chez une infinité de perſonnes

nes de l'un & de l'autre fexe, dont
ils manient les confciences & qui
prennent tellement de ces adroits
Sauvages la regle de leur conduite,
qu'il croiroient qu'une action ver-
tueufe degenereroit en criminelle,
s'ils ne tenoient d'eux la maniere
de l'executer. S'il n'eft pas difficile
de faire une peinture de ce mafque,
qui n'eft autre chofe qu'un habit de
bure, des fandales, un vifage pâle
& plombé, une barbe venerable &
un maintien grave; il n'eft pas fi
aifé d'en décrire les vertus fecrettes.
Car pour ne point parler des impref-
fions qu'il donne d'une vie auftere &
penitente, qui furprend les efprits,
il communique l'affurance de com-
mettre impunément tous les crimes, & furtout de couper des bour-
fes avec l'approbation des ceux à

A 5

qui

qui on les ravit. Les finges du pauvre faint François reçoivent cette
liberté avec l'équipage Capucinal.
Ils excellent dans l'art d'en ufer avec
fuccès; adreffe dont perfonne ne
s'eft encore avifé d'inftruire le pu-
blic.

Puifqu'il me refte affez de lumie-
re pour pouvoir decouvrir la vie hypocrite & fcandaleufe de ces Privi-
legiés, je vais travailler à lever le
mafque de leur impofture, afin de
detromper la multitude qui eft affez
aveugle pour fe laiffer furprendre
aux apparences, & qui par les bien-
faits dont elle les comble, les en-
tretient dans leurs maudites difpofitions. J'ai vêcu affez longtems parmi eux, pour parler fçavamment,
& avec connoiffance de principales
addref-

addreſſes de ces Fourbes, & je ne
me verrois pas malheureuſement
obligé d'y finir le reſte d'une vie
chagrine, ſi en entrant chez eux,
ils ne m'avoient pas depouillés du
peu de bien qui étoit échappé à
mes debauches, pour être employé
à l'ornement d'une de leurs Egliſes,
quoique commé raffiné dans les intrigues de la beſace, & confident
des premiers de l'Ordre, j'y puiſſe
vivre avec beaucoup de douceur
& de tranquillité.

Il auroit été bien plus avanta-
geux pour nos Venerables Hypocrites, qu'ils m'euſſent laiſſé toute
ma vie vivre en ſimplicité & me
laiſſer penſer ce que j'aurois voulu,
que de me créer Quêteur du plus
grand Couvent de France. Il eſt

vrai

vrai que j'étois trés-propre au me-
tier. Je fus deftiné à l'exercice de
de cet important miniftere, dans
lequel, fous la direction du frere
Felix, qu'on peut appeller le **Ca-**
pucin mafqué ou le pere des fourbes, j'appris les intrigues du Capucinage. Je fus formé de la main
de ce bon politique, à qui je fuc-
cedai à l'Office de premier Quêteur
ou de grand pere nouricier de la
maifon.

Je ne faifois jamais rien que par
l'ordre de ce Grand - homme. Il
m'avoit fait des leçons de tout ce
que j'avois à faire. J'entrois dans
toutes les maifons qui étoient fur ma
lifte, portant une groffe bouteille
à la main, beface devant & beface
derriere ; l'on me chargeoit à l'envi
enfor-

enforte que j'étois obligé de m'aller
decharger de quart-d'heure en quart-
d'heure, de mes charges de pain,
de viande & de vin, chez des femmes devotes, dont nous avions
bon nombre dans chaqué quartier.
Le Frere Felix ne fe donnoit la peine, que deux fois l'année, d'aller
rendre vifite aux perfonnes qui nous
donnoient la fubfiftance C'étoit
en ce tems-là, qu'il compofoit l'air
de fon vifage, qu'il affectoit de pa-
roître changé & defait, & qu'il pre-
noit le mafque de l'hypocrifie. Il
n'étoit pas plutôt entré en converfa-
tion avec quelqu'un de nos bienfaiteurs, qu'il lui faifoit une peinture de l'extrémité où la Commu-
nauté fe trouvoit reduite; mais une
peinture fi touchante, qu'il accom-
pagnoit de larmes, qu'il y en avoit

trèspeu qui n'y devinſſent ſenſibles, & ne conſentiſſent à être encore écrits ſur la liſte des bienfaiteurs pour cette année-là, afin de participer aux prieres continuelles, qu'il les aſſuroit qu'on faiſoit jour & nuit pour leur proſperité.

Il connoiſſoit tous les Commiſſaïres de Paris, & avoit le ſecret de les mettre tous dans ſes interêts, afin que les confiſcations de pain ou d'autres choſes, qui ſont ſi frequentes en cette ville, leur fuſſent devolues, en les aſſurant que bien ſouvent nous étions obligés, faute de vivres, de dire en entrant au Refectoire *les graces & le Benedicité* tout enſemble.

Il étoit de mon Office, lorſque

ſa viſite étoit faite, d'aller ſur les traces de ce devot Frere, avec une copie de ſa liſte, chercher les proviſions de gueule partout. Nous en amaſſions bien trois fois autant qu'il nous en falloit, quoique nous en falloit, quoique nous fuſſions, dans Paris ſeul, bien trois cent fainéans dans quatre Couvents du même Ordre. Enforte qu'à peine trois ſerviteurs & deux mulets pouvoient ſuffire à tranſporter ce que j'embeſaçois trois fois la ſemaine.

Je faiſois proviſion les jours que le marche ne ſe tenoit pas, d'uſtenciles pour la cuiſine, comme de chaudrons, marmites &c. J'y aſſemblois même du lard & des épices en deux jours aſſez pour l'uſage d'une année.

Au-

Aujourd'hui je cherchois du cuir pour les fandales, du fil, de la toile pour les ferviettes, mouchoirs & mutandes, & le lendemain de la laine, de la chandelle, de l'huile, du vinaigre des clous, de la corde, des outils de jardin & enfin de tout ce qui nous étoit neceffaire.

Chaque chofe avoit fon lieu deftiné, j'avois de petites chambres feparées, qui étoient autant de magafins qui le difputoient aux boutiques les mieux fournies de la ville.

J'aurois bien d'autres chofes a dire, pour prouver l'ingenieufe pauvreté, qui attire de fi grandes richeffes aux Capucins; mais comme ce que j'ai declaré eft, ce me femble, fuf-

fifant

fifant pour mettre au jour leur hypocrifie, je cefferai ce difcours pour en entamer un autre, qui ne s'attache pas feulement à la privation du bien de fon prochain, mais à la perte de fon honneur & de fon ame.

Ayant paffé quatre Années dans le Couvent comme Quêteur, je fuppliai le Pere Provincial de m'en vouloir retirer, tant à caufe des fatigues que j'y avois, aimant un peu mon repos, que par la connoiffance que j'avois de la ruine de ma confcience, en pratiquant un exercice fi contraire à la vertu, & auquel on ne peut juftement donner un autre nom, que celui d'impofteur.

Ce Reverend Pere m'accoda ma demande & me parut fort fatisfait du compte

compte exact que je lui rendis, de
tout ce que j'avois fait. Il me fit
son compagnon extraordinaire & me
promit que je ne ferois plus rien que
ma volonté. J'acceptai avec plaifir
ce nouveau degré, fans prevoir les
fuites fàcheufes qui m'arriveroient;
le Pere Provincial ne prevoyoit pas,
qu'étant fon compagnon, je décou-
vrirois avec autant de facilité la vie
licentieufe & debauchée qu'ils menent, que la fourberie de leur fauffe
pauvreté.

Mes yeux ont été remoins de leurs
actions infames; je n'aurois jamais
crû que des Capucins euffent mené
une vie fi debordée, & je ne pûs me
perfuader que des gens, que je re-
gardois autrefois comme des anges
vifibles, fuiffent traitres à leurs amis,

pail-

paillards. adulteres, & enfin fuſſent
les iuſtrumens les plus pernicieux,
dont le Demon ſe ſert pour entrainer
les ames dans le précipice de la da-
mnation éternelle.

Leurs deſirs ne ſont point reglés
par une quantité fixe; & quoique la
moindre des ſenſualités leur ſoit un
grand crime, ils ne bornent pas leurs
deſirs à le poſſeſſion d'un ſeul objet.
La fille d'une devote, la femme d'un
ami, une intrigue à une grille, & un
Couvent entier de Religieuſes, ne
ſont pas capables d'arrêter leurs pail-
lardiſes, leurs adulteres ni leurs ſacri-
leges. Autant des perſonnes qu'ils
voyent, ſont autant d'objets de leurs
convoitiſe, & cette avidité de con-
cupiſcence fait bien juger qu'ils ont
les inclinations de Satyres & des boucs
auſſi bien que la barbe.

Quoi-

Quoiqu'il foit difficile de pouvoir entierement décrire la maniere dont ils fe gouvernent par le foin qu'ils prenent de cacher leurs défauts, néanmoins je ne laifferai pas d'en faire une fidelle peinture, autant que mon foible genie me pourra permettre, & que les lumieres qu'ils m'en ont données le peuvent fournir à mon imagination. Je parlerai donc de moyens & des rufes, qu'ils mettent en ufage, pour fuborner le fexe feminin avec lequel ils ont un commerce affez étroit, & de la maniere dont plufieurs en ont ufè à l'égard des femmes de leurs amis, lorfqu'elles n'étoient pas contentes des nuits de leurs époux.

Je ne m'arrêterei donc pas à faire un recit du cours de leurs études, &

des

des inftructions fecrettes, qui leur
font donnés par leur Anciens, pour
fe garantir de furprifes dans leurs intrigues amoureufes; puisque cela ne
convient pas à mon fujet, en ce que
les effets que je décrirai, feront connoître les caufes; ainfi je ne com-
mencerai mon difcours que du tems
auquel ils font admis au degré de Predicateur, auquel tems ils tâchent de
briguer la chaire de quelque Paroiffe.
Lorfqu'ils ont prêché pendant un
Carême ou un Avent, ils ne manquent
pas d'habitudes. Ils s'érigent en Directeurs de confciences; & de Peres
fpirituels, fe transforment facilement
en corporels, par le moyen de la connoiffance qu'ils prennent des inclinations de leurs penitentes, lefquelles
dans les commencemens ils fe contentent de faire venir en leurs confes-
fion.

fionnaux; s'étant enfuite introduits
plus particulierement en leurs efprits,
ils leurs vont rendre des vifires, parceque fur le pied de Directeurs, on
leur accorde de fortir lorfqu'ils le
fouhaitent, & de choifir pour leur
compagnon quelque bon frere, qui
ne fera pas ennemi de fes plaifirs, qui
fera bien aife de prendre fa part à leurs
divertiffemens, & {qu'ils intéreffent
par ce moyen à leur garder le fecret.

Lorfqu'ils fortent pour quelque
vifite, ils ont grand foin que leur
couronne foit bien ordonnée, leur
barbe bien peignée & frifée, & leurs
mains bien blanches. Ils fe lavent
les jambes & les cuiffes avec des her-
bes odoriferantes, prennent des cale-
çons blancs que nous appellons mutandes, fe rafent le poil des jambes,
quoi-

quoiqu'il soit defendu par nos consti-
tutions de se servir de rasoir; ils
ont des mouchoirs parfumés, se mu-
nissent de cachets en devise, de tablettes, d'étuis garnis, de cizeaux &
autres bagatelles, pour faite present
aux Demoiselles.

S'ils vont dans une maison où il y
ait une fille, parentè où demoiselle
bien faite, si la bigotte est agée ou
scrupuleuse, ils la menent dans la
ruelle d'un lit, dans un cabinet où
antichambre, pour examiner sa con-
science, pendant que le Compagnon
du Pere éprouve les inclinations de
la belle.

Si ce Directeur trouve un objet fa-
cile & tendre au sentimens amoureux,
il lui contera des histoires qui favori-
rise-

riſeront ſon inclination? s'il trouve cette fille portée a la devotion, il lui ſera preſent de chapelets. *d'Agnus-Dei* & d'autres badineries de devotion; ſi elle eſt galante & curieuſe, il lui donne des cachets de deviſes, des tablettes & choſes ſemblables; & s'il voit qu'elle aime les plaiſirs qu'il recherche, il lui met entre les mains ce qu'elle ſouhaitoit.

Lorsque ces hypocrites trouvent une humeur libre, ils s'émancipent, parlent ſans garder de meſure, & comme ils connoiſſent le fond des cœurs de ces femmes, par le moyen de leurs confeſſions, ils s'inſinuent aiſément & obtiennent ce qu'ils deſirent.

S'il arrive qu'il y ait quelque mari dans

dans les maisons, qui ait de l'estime pour eux, & dont ils soient les directeurs, ils prendront leur tems pour aller au logis lorsqu'il n'y sera pas, & s'entretiendront des bonnes intentions que le maître a pour sa famille, & du desir qu'il a de l'élever dans des sentimens de vertu.

S'ils voyent d'autre part qu'une femme soit mécontente de son mari, & qu'elle les prie de le disposer à changer de vie, ils lui promettront de s'employer de toutes leurs forces à mettre son esprit dans une bonne assiette, & se feront fort de le ranger du parti de la raison; & s'ils voyent que cette famille ait besoin de leur services, ils se rendent plus familiers, se levent & se promenent par la chambre, ôtent

B

leurs

leurs manteaux, s'approchent du feu, auprès duquel s'il y a quelque objet qui les charme, ils levent leur robbe, font voir une jambe blanche & bien faite, & quelquefois montreront la cuiſſe & la mutande, à deſſein de tenter la chair par la chair même.

Pendant ees premieres viſites ils ne s'émancipent pas ordinairement tout à fait. Ils promettent ſeulement de venir rendre réponſe de ce qu'ils obtiendront ſur l'eſprit du pere ou du mari. Chacun les en conjure, & on ne les laiſſe ſortir qu'avec regret.

S'ils rencontrent quelques bigotes dont l'inclination ſoit portée au vice, ce qu'ils reconnoiſſent par

le

le moyen de leurs confeſſions, ils abuſent de leur foibleſſe, & ſe ſervent des declarations qu'elles leur ont faites pour entrer dans leur confidence, en ſorte que les confeſſionnaux, qui ne ſont établis que pour retirer les pecheurs du crime, ſont par eux convertis en des écoles d'impureté, & des rendez-vous pour recevoir des aſſignations amoureuſes. C'eſt de ce lieu, dont les ames devroient ſortir pures & nettes de toutes ſouillures, qu'elles partent corrompues, & vont dans des maiſons de debauches particulieres, qui leur ſont indiquées par ces hypocrites, où ſous le pretexte pe pieté ils ſe donnent un accès libre & exempt de tout ſoupçon, commettent des infamies, que l'on ne peut reciter ſans horreur, &

B 2

&

& qui font precedées par d'autres que le vin leur fait faire.

Ils s'affemblent entre eux, pour fe donner des avis reciproques, fur les moyens les plus furs pour contenter leur luxure, fans courir le danger d'être decouverts; & n'ayant d'autres vûes que celles de leur lubricité, ils s'introduifent dans des maifons d'honneur, dont ils tirent des moyens, qu'ils employent à un ufage prophane, contre l'intention de ceux qui font abufés par ces fcélerats, lefquels font entendre qu'ils n'agiffent que par un motif de charité, & qui cependant diftribuent ou font diftribuer ces aumônes a des infames courtieres, dont ils fe fervent pour menager leur criminels plaifirs.

Mais

Mais ce qui favorise le plus leurs depravations, ce sont ces jours de fêtes solemnelles, où une abondance de devotes viennent à leurs pieds s'accuser de leurs fautes, & amenent avec elles leurs nieces ou leurs parentes. C'est en ce tems qu'ils jettent la sentence de leur iniquité sur ces ames innocentes, lesquelles ils examinent avec un soin particulier. S'ils les reconnoissent susceptibles ou adonnées aux tentaions charnelles, ils leur disent de tâcher à rejetter ces pensées criminelles, jusques à ce qu'ils les aillent voir en leurs maisons, parceque la quantité de personnes dont ils sont accablés, ne leur permet pas sur le champ de leur donner des moyens sûrs de n'en être plus attaqués; mais qu'ils se font fort étant dans leurs

leurs maifons, de leur donner des inftruétions neceffaires à leur falut, & de les mettre dans un état à ne plus craindre les attaques de l'ennemi.

Ces jeunes ames que l'âge femble ne pouvoir exempter de ces tentations, attendent avec impatience ces Confeffeurs, efperant de trouver par leur moyen du foulagement à leurs confciences infirmes ; ils ne manquent pas de fe rendre en leur logis & s'il n'y a point de playes guéarir, ils s'entretiennent avec la devote de chofes faintes fi elle eft fcrupuleufe. Et fi elle ne l'eft pas, ils tâchent de l'attirer à leur parti, & de la reduire à leurs volontés.

S'il fe trouve quelque fille qui les

les prie de lui donner quelque avis
falutaire fur les mauvaifes penfées
qui lui furviennent, ils la tirent à
l'écart, lui difent qu'il ne faut
point être honteufe avec eux, qu'
ils fçavent qu'il eft naturel aux
femmes d'avoir de pareils fenti-
mens; mais qu'ils ont des remedes
certains & faciles pour leur guéri-
fon. C'eft alors qu'ils entrent dans
fecret de leurs ames, & que fe
fervant des lumieres qu'ils ont re-
çues, ils obtiennent facilement ce
qu'ils fouhaitent, parce-qu'ils entretiennent leurs efprits dans ces
penfées, qui font delicieufes à la
jeuneffe, qui d'autre part ne leur
ofent rien refufer par la crainte qui
fuit la declaration de leur foibleffe,
dont ils aprehendent l'éclat. Ainfi
ces pauvres créatures font la proye

de

de ces loups affamés de leur hon‑
neur, qui fe font un recit fidelle
de leurs bonnes fortunes, afin de
fe procurer les uns aux autres le
plaifir du changement.

Un de mes plus intimes amis
me raconta un jour une avanture,
qui arriva au pere qu'il accompa‑
gnoit, & le ftratagême dont il fe
fervit, pour parvenir au but de
fes defirs avec une Dame d'une
maifon affez confiderable. Il me
mena, dit-il, dans un logis où il
avoit promis à la femme de reduire
le mari à fuivre fes volontés. Il
la tira dans un lieu où il ne pou‑
voit être vû de perfonne, & fe
fervant du manteau de l'hypocrifie,
il feignit avoir vû fon mari, quoi‑
qu'en effet il ne lui eût point par‑
lé

lé, & lui dit, je m'étonne qu'un homme aussi devot que vôtre mari puisse avoir conçû des sentimens si mauvais contre sa famille, mais si vous me voulez promettre par serment de ne rien reveler de ce que je vais vous enseigner, je vous trouverai un moyen certain d'établir votre repos. Elle lui jura ce qu'il voulut, n'y ayant rien à quoi ne s'engage une femme irritée, particulierement lorsqu'elle voit que l'on est dans la volonté d'embrasser son parti.

Je vous conseille, lui dit-il, Madame, de n'avoir plus aucun égard pour lui, de retirer toute votre tendresse & de le traiter avec toute la rigueur possible. C'est un homme qui sous un voile hypo-

crite,

crite, ne cherche que votre perte, & dont la confcience eft ulce-
rée jufqu'au point de s'être accufé
en confeffion, de vous avoir voulu
empoifonner. J'ai eu toutes les
peines imaginables à lui faire changer ce pernicieux deffein, & vous
devez vous tenir fur vos gardes,
de crainte qu'un jour il ne l'exécute.

Cette femme d'ailleurs animée
contre fon mari jetta feu & flâme,
s'abandonna à mille invectives contre lui, proteftant qu'il n'y avoit
aucune chofe à quoi elle ne fe por-
tât pour fe venger. J'aurois tort,
lui dit-il, de vouloir combattre
votre reffentiment, & je le trouve
fi jufte que je prêterois volontiers
les mains à votre vengeance: car,
dit-il, eft-il rien de plus cruel que

la

la maniere dont il en ufe envers vous, qui étes une femme belle, bien faite & douée des plus rares qualités que l'on puiffe fouhaiter. Combien y en a-t'il dont la vertu fuccomberoit & qui ne feroient pas blamables de rechercher dans une vengeance douce la punition de fes fautes? Oui, Madame, j'en connois beaucoup, qui n'auroient pas tant de retenue, & qui le traiteroient fuivant ce que leur ref-fentiment leur prefcriroit, & quand elles m'en viendroient faire leur declaration, je ferois plutôt prêt à les y fervir qu'à les en detourner. Cette femme qui fe voyoit appuyée de la forte, mit en avant fa vertu & fa fidelité paffée, dit, qu'elle s'é-toit toujours gouvernée avec toute l'honnêteté poffible, mais qu'elle

per-

perdroit dorénavant toutes fortes de confiderations, & ne garderoit plus aucunes mefures; qu'elle étoit prefentement dans les termes de tout faire, & qu'il n'y avoit que l'occafion feule qui manquoit à fon deffein; qu'il y avoit un an & plus qu'il ne l'avoit touchée, mais qu'elle jouiroit avec un autre des douceurs qu'elle ne pouvoit goûter avec lui. Le fourbe n'avoit garde de laiffer échaper une occafion fi favorable ; il combattit au commencement mollement fes emportemens avec des exemples pernicieux, qu'il faifoit venir à fon fujet, & qui facilitoient dans la fuite le chemin où il la vouloit conduire.

Et ainfi mettant de l'huile fur le feu, il l'anima de telle forte, que la voyant

voyant au point qu'il desiroit, il lui declara qu'il y avoit longtems qu'il l'adoroit dans l'ame, sans avoir jusques à ce jour osé lui faire aveu de sa passion, & qu'il sembloit que le Ciel fût favorable a son amour, & qu'il leur eût fait naître ce moment fortuné; qu'il la conjuroit de ne pas tarder d'avantage à le rendre heureux que son caractere étoit une marque certaine de sa discretion, & qu'elle recevroit de lui des preuves d'une tendresse si passionnée qu'il s'assuroit qu'elle auroit lieu d'en être satisfaite. A ces paroles prononcées d'une ardeur extréme, il voulut joindre l'exécution, & embrassa la Dame, qui reprit un peu ses esprits, & lui dit, qu'elle ne croyoit pas qu'un moine avoit des

 desirs

defirs fi contraires à ce qu'il enfei-
gnoit.   Ah! Madame, lui repondit-
il, que vous connoiflez peu les forces de l'amour, fi vous croyez qu'il
foit au pouvoir d'un homme d'y re-
fifter! non, Madame, continua-t-il
la preffant derechef, ne m'envifagez
pas comme un Religieux, mais comme un amant fidelle & fincere, qui
fait confifter fon unique bien dans
vôtre poffeffion. Ces paroles tendres
la furprirent, elle vit dans les yeux du
moine des temoignages d'une ardeur
extraordinaire, & le defir de la vengeance joint aux douceurs qu'elle
efperoit goûter dans fes embraffemens, la fit confentir aux volontés
du Directeur de fon mari, qui con-
tinua très longtems ce train de vie,
& entretint toujours le defordre dans
cette maifon, pour avoir lieu d'af-
fouvir

fouvir fes impuretes dans cet adul-
tere.

L'on peut juger par cet exemple,
de la maniere de fe conduire de ces
libertins mafqués, qui ne s'attachent
qu'à la deftruction des familles, pour
profiter du divorce qu'ils y font naître par la corruption des femmes.
Ils ne font pas néanmoins toujours
heureux. Il leur arrive quelque fois
de fâcheufes affaires ; & l'Hiftoire
fuivante en auroit donné un témoi-
gnage certain. fi la prudence d'un
Commiffaire n'eût empêché que la
honte n'en réjaillît fur tout l'Ordre.

Un Predicateur, dont le compagnon par hazard étoit à la campagne,
me demanda pour lui tenir compagnie
un jour feulement. Je lui fus accor-
dé,

elé, nous partimes du Convent le matin après avoir dejeune. Il fit quelques vifites chez differentes perfonnes de fes amis; & la derniere fut chez un bourgeois confiderable, où nous trouvâmes la femme du logis en habit negligé, fi propre, qu'elle eût touché les plus infenfibles. A notre arrivée elle fit affez la refervée, ne connoiffant pas mon vifage: mais le pere lui ayant dit que j'étois de fes amis, elle fe retablit en fon état ordinaire, qui étoit le plus enjoué & le plus galant que l'on pût fouhaiter. Elle lui dit qu'elle apprehendoit qu'il ne vint pas ce jour - là, parceque fon mari devoit revenir le foir, & qu'elle l'attondoit avec impatience. Le Pere lui repliqua qu'à la verité il s'en étoit peu fallu qu'il ne fût pas venu, & que s'il n'avoit pas trouvé un auffi

fidelle

fidelle ami que moi pour compagnon, il auroit eu de la peine à se resoudre d'y venir, ce qui me fit juger qu'il y avoit de l'intrigue.

Après une courte conversation, le diné fut servi; il y avoit partie quarrée; car la fille de chambre de la Dame tenoit sa place, & étant de l'humeur de la maitresse, je prevoyois que ce pouvoit être mon fait.

Nous dinames de belle maniere. On but d'excellent vin en grande abondance, & la bonne chere n'y fut pas épargnée. Le repas fini, je fus surpris de voir mon Predicateur mettre son manteau sur de chaises, & prendre la Dame d'une façon qui me faisoit assez connoître, qu'ils avoient grande familiarité ensemble. Il la

trans-

transporta dars un cabinet voisin où
il y avoit un lit de repos fort propre
& fort commode pour ee qu'ils vou-
loient faire, & me laissa seul auprès
du feu avec la Demoiselle, laquelle,
à ce qui me parut, étoit plus jeune
& plus beile que la maitresse. Mais
j'avois tant de timidité, qu'encore
que la nature me sollicitât assez de
m'approcher de cette aimable fille,
qui s'attendoit de recevoir mes caref-
ses, je restai dans uh coin sans oser
seulement lever les yeux, en danger
de rester plus long-tems dans cet état
stupide, si cette Demoiselle qui s'ap_
perçût de mon foible, n'eût fait les
premieres avances, en me faifant un
souris qui n'auroit toutefois produit
aucun effet, si pour m'ôter cette sotte
honte qui me retenoit, elle ne se fût
jettée à mon col & ne m'eût dit en
m'em-

m'embraffant : quoi, mon frere, re-
fterons nous inutiles, dans le tems
que les autres jouiffent des plus grandes douceurs de l'amour? Ces paroles me reveillerent, je l'emportai fur
le lit. & là fans fonger à mes vœux,
je fis ce qui m'étoit defendu par la
Regle.

Quelque neceffité naturelle m'a-
yant appellé en bas j'entendis frapper
à la porte & ne voulant pas donner
à ma belle la peine de defcendre,
j'allai l'ouvrir ; par mauvaife fortune,
c'êtoit le maitre de la maifon, lequel
je ne connoiffois pas. il me falua, me
difant, bon jour, mon frere pourquoi vous donnez vous la pleine de
m'ouvrir? Difant ces paroles il mon-
ta en fa chambre, ouvrit la porte du
cabinet. ou il trouva le pere & fa

femme

femme endormis, qui se reposoient
des fatigues qu'il avoient prises dans
de mutuels embraffemens, dans une
posture, qui faisoit bien juger quel
avoit été l'avant-coureur de leur som-
meil. Il ferma la porte doucement,
de crainte d'éveiller ce couple d'a-
mans, & après s'être promené deux
tours dans la chambre, me demanda
ce que j'étois venu faire là, & s'il y
avoit longtems que j'y étois; l'alte-
ration que je remarquai sur son visa-
ge me rendit interdit, & la Demoiselle ayant repondu que nous ne fai-
sions que d'entrer, vous n'y resterez
pas longtems, dit-il, & je vous vai
faire changer de logis. Il regarda
par la fenétre, appella un savetier son
voisin, & le pria d'aller querir un
Commiffaire qui demeuroit tout pro-
che. Le Commiffaire étant arrivé,

il lui jetta la clef par la fenêtre, voulant rester en la chambre avec nous,
pour empêcher le Commissaire d'ê-
tre prevenu, ou que nous n'éveillas-
sions les endormis. Le Commissaire
étant entré dans la chambre; Monsieur, lui dit-il, je sçai que les char-
mes n'ont pas de pouvoir contre la
justice, c'est pourquoi je vous ai fait
appeller, pour vous saisir d'un sor-
cier, qui a pris ma ressemblance sous
l'habit d'un Capucin, afin de jouir
de ma femme; je suis trop persuadé
de sa vertu pour croire qu'elle pût,
sans être surprise, faire quelque chose contre son honneur, & d'autre
part je ne puis croire que ce soit un
veritable Capucin, puisqu'ils sont
trop gens de bien pour faire de semblables actions. Eclaircissons nous,
s'il vous plait, de ce mistère; à ces
mots

mots il ouvrit la porte & éveilla nos amans.

Le Commissaire fut étrangement étonné, l'orsqu'il trouva que le Capucin étoit son neveu, & le neveu ne le fut pas moins de la presence de son oncle; mais la femme fut plus confuse que pas un, lorsqu'elle apperçut sonmari qui l'avoit surprise en cet équipage.

Le Commissaire homme d'esprit nous fut là d'un grand secours. Quoi, dit-il, Monsieur, en s'adressant au mari, est-ce ainsi qu'on se joue de la justice? Vous meriteriez que je vous fisse éprouver des marques de mon ressentiment, de ma faire venir chez vous pour me rendre l'objet de vos railleries, Si quelques considerations

ne

ne me retenoient, je vous en ferois
porter la peine; & vous mes Peres,
dit-il, s'addreffant à nos, je m'étonne de ce que vous ayez pû confentir
à fuivre les confeils du maitre de cé-
ans pour une entreprife pareille, vous
meriteriez que je priffe cete feinte
pour une verité; mais la veneration
que j'ai pour ceux de votre Ordre me
fait paffer fur les confiderations de
mon honneur & de mes interêts, au-
trement je vous metterois tous trois
au Châtelet, où vous auriez a repon-
dre fur le peu de refpect, que vous
portez les uns & les autres à une perfonne revétue d'une charge comme
la mienne. Le Capucin connoiffant
la fineffc de fon oncle, fit femblant
de lui demander pardon, qu'il ne
croyoit pas quil prit la chofe de ce
fens, & qu'il s'imaginoit qu'il feroit

le

le premier à rire de l'avantnre. Le mari juroit & atteſtoit par des ſermens execrables, que ce n'étoit pas une raillerie, qu'il venoit de la campagne & qu'il les avoit trouvés couchés enſemble, mais ſes ſermens & ſes proteſtations furent inutiles, plus il s'obſtinoit à ſoutenir ce qu'il avoit avancé, plus nous nous obſtinions avec le Commiſſaire à ſoutenir le contraire, ſi bien que nous ſortimes de la maiſon, le Commiſſaire faiſant ſemblant de nous faire des leçons, & au mari des reproches, lui diſant qu'il eut une autrefois plus de conduite & ne s'aviſat pas de lui faire de ſemblables tours, ſur peine de s'en reſſentir vivement. Il le laiſſa avec ſa femme, laquelle fut miſe quelque peu de tems après aux Madelonnettes, & de notre part nous nous en retour-

retournames enfemble au Couvent, après avoir fait mille remerciemens à notre liberateur, & l'avoir prie inftamment de vouloir garder le fecret.

Depuis cette avanture, qui fembloit me devoir rebuter d'aller en de femblables vifites, je ne laiffai échaper aucune occafion d'en rencontrer des pareilles, que j'embraffois avec joye, tant les plaifirs charnels font puiffans fur la jeuneffe. Il eft vrai que je fus pouffé à cela par ce même Predicateur, qui me conta toutes fes intrigues, & m'inftruifit de celles de plus de vingt de nos Peres, qui me reçurent dans leur confidence, & auxquels j'ai fervi de compagnon en plufieurs bonnes rencontres.

J'ai toujours rencontré par leur

 moyen

moyen de la facilité dans mes entre-
prifes amoureufes, fans avoir couru
autre danger, que le jour que je viens
de dire, & n'ai jamais trouvé aucune
refiftance dans les maifons où je les
ai accompagnés ; ce qui m'a fait connoître que toutes les bigottes & leurs
familles paffoient par nos mains, &
que nos Peres difpofoient leurs efprits
à confentir à tout ce qu'ils fouhai-
toient d'elles, puisque toutes les fois
que j'ai été avec eux, j'ai trouvé les
avances faites, n'ayant qu'à prendre
fans demander ; ce qui me faifoit bien
juger qu'ils parloient pour moi, auffi
avois-je grand befoin de leur affi-
ftance, n'étant ni predicateur, ni ga-
land, ni hardi.

Mais fi les villes leur font favora-
bles pour ce fujet, la campagne leur
eft

eſt encore plus avantageuſe, à cauſe de la facilité qu'ils ont d'être reçûs dans les maiſons de qualité, & dans celles de plus conſiderables bour-geois, qui ſe font un plaiſir de les recevoir chez eux, ne s'imaginant pas qu'ils donnent le couvert à un demon de lubricité, qui ſous une apparence hypocrite ne tend qu'à la deſtruction de leurs biens, la cor-ruption de leurs ames, & la perte de leur honneur.

Le premier voyage que je fis, ce fut pour accompagner notre Pro-vincial à dix lieues de Paris. Il avoit ſon Secretaire avec lui, ainſi nous étions trois: nous couchames en che-min dans la maiſon d'un Gentilhom-me, qui avoit une femme très belle, & une ſœur jeune & fort jolie. Nous

y arrivames fur les deux heures &
fumes d'abord regalés d'une collation qui valoit un très-bon diner.
Comme c'étoit au mois de Juin, que
les chaleurs font grandes, nous re-
ftames dans la chambre pour prendre le frais, jusques à ce que le foleil
étant prêt de finir fa carrière, il prit
envie à nos Peres d'aller dire leur
breviaire dans un bois fort touffu,
qui étoit au bout du jardin, & pour
cet effet ils laifferent les Demoifelles
dans la chambre, qui travailloient en
tapifferie, pendant que le maître du
logis fe retira en fon cabinet, pour
écrire quelques lettres & vaquer à
fes affaires particulieres.

Avant que de laiffer fortir les Peres on fe mit en devoir de commander le fouper. Le Cuifinier étoit
malade

malade & nous étions en danger de n'avoir que la broche, fi le Provincial, qut n'étoit pas moins friand qu'amoureux, n'eut dit a Madame, que j'entendois parfaitement la Cuifine ; elle me pria auffi-tôt d'une maniere galante, de vouloir faire une tourte de pigeonnaux, & une fricasfée de poulets. Je m'y offris avec plaifir ; Je defcendis dans l'office, & pris un ferviette devant moi.

L'on m'aporta ce qui m'étoit néceffaire, & je me mis en devoir d'éxecuter la commiffion qui m'avoit été donnée.

Au bout d'une demie heure mon fouper étant prefqu'en état d'être mis fur le feu, je m'apperçus qu'il me manquoit des Artichaux, je laiffai

un

un petit Laquas que j'avois avec moi
pour prendre garde à tout, & fus au
jardin en chercher moi-même.

Ce jardin étoit grand, la quantité
des espaliers qui portoient de très-
beaux fruits me firent naître la cu-
riosité de m'avancer de plus en plus
pour les considerer, & voir si je n'en
trouverois pas quelqu'un à mon
goût. J'en cueillis un & voyant un
peu plus loin des cerises, j'y adres-
sai mes pas & après en avoir mangé
quelques-unes, comme j'avois assez
de tems pour n'être pas obligé de
presser mon souper, je fus me pro-
mener sous un berceau de chevre-
feuilles qui sentoit parfaitement bon,
au bout duquel étoit un très-beau
cabinet plafonné de diverses pein-
tures avec des filets d'or. La porte

en

en étoit pouſſée, mais voyant une fenêtre entr'ouverte, il me prit envie de regarder dedans: je le fis, & j'y apperçus nôtre Provincial, qui tenoit entre ſes bras la Dame du logis, dont la juppe étoit trouſſée juſques ſur les genoux, & la main du Reverend Pere deſſous, ce qui me fit vóir un bas incarnat bien tiré, avec une jarretiere parfaitement bien nouée, & un morceau d'auſſi ronde chair & auſſi blanche que l'albâtre. Je me retirai promptement tant de crainte d'être apperçû & de troubler la fête, que dans l'apprehenſion que ma curioſité ne m'attirât quelque fuſtigation, & je cherchai à me cacher en quelque endroit du bois, en attendant l'iſſue de cette hiſtoire, & la ſortie du Provincial. Mais il m'arriva bien une autre avanture, lors-

C 4

que

que paſſant en un lieu fort couvert,
j'apperçus le Père Secretaire, qui ſe
leva bruſquement, & me vint trouver tout en ſueur, me diſant en
m'embraſſant : Ah! frere Leonor,
que je ſuis ravi de te voir ici, viens
participer à nos joyes & partager
nos delices. A même tems il me
prit par la main, & me mena au lieu
où étoit aſſiſe la ſœur du Gentilhom-
me, à laquelle il dit, Mademoiſelle
je ſuis au deſeſpoir, de ce que la
trop grande ardeur de ma paſſion
s'eſt oppoſée à mes deſirs & aux vô-
tres, vous avez aſſurement ſujet de
vous plaindre de moi, mais ſi j'ai
manqué à remplir vos ſouhaits, je
crois que vous rencontreres dans
frere Léonor que je vous preſente,
de quoi vous ſatisfaire. Retirez-
vous dit-elle comme en colere, il

ne

ne me falloit pas faire naître un desir pour n'en voir pas l'accompliſſe-
ment ; j'eſpere rencontrer dans le frere un ſujet propre à me contenter ;
& vôtre preſence ne ſert qu'a retar-
der les plaiſirs que je m'attends de
goûter avec lui.

Il ſe retirâ à quartier, & ces paroles m'ayant inſtruit du combat que
j'avois à faire, mes armes furent
bien-tôt en état, je montai à l'aſſaut
& fis de ſi grandes expeditions, que
la Demoiſelle avoua, qu'elle étoit
bien-aiſe de l'avanture, qui m'avoit
fait ſi à propos prendre la place du
Pere Secretaire. Sur ces entrefaites
le Provincial arriva, qui fut ſurpris
de me voir en poſture, qu'il faillit à
tromber dans une pamoiſon bien dif-
ferente de celle qui lui étoit arrivée

ſaus

fans doute au cabinet; il ne fçavoit
de quelle maniere il devoit prendre
la chofe, mais la Belle lui ayant con-
re l'hiftoire comme elle étoit arrivée,
il fe prit a rire, & me dit d'un cœur
paternel; courage mon cher frere,
ne difcontinuez pas, cette Demoi-
felle eft aimable, il faut employer
toutes vos forces à la contenter, &
vous réjouir de l'heureufe occafion
qui s'eft offerte.

Nous retournames incontinent a-
près, â la maifon, où nous trouvâmes le Secretaire fur un lit de repos,
qui faifoit croire au maitre du logis,
qu'il fe trouvoit mal de quelque fruit
qu'il avoit mangé; je fus áchever de
preparer mon fouper, qui fut ttou-
vé bien preparé, enfuite de quoi
nous allâmes nous repofer fur des
bons

bons lits jusqu'au lendemain matin,
qu'aprés avoir dejeuné nous primes congé de notre hôte & de
nos hôtesses, qui nous prierent
de ne pas manquer de passer par
la maison en retournant, ce que
nous leur promimes de faire, après
quoi nous nous acheminames à un
Couvent des Dames Religieuses de
Fontevraux, où mes conducteurs
alloient faire quelque neuvaine,
pendant lequel tems j'ai vû des histoires dignes d'être remarquées.

Il est necessaire de sçavoir que
pendant ces neuvaines, ils defendent expressément à leurs filles spirituelles, de ne parler à qui que
ce soit qu'à eux, afin que durant
ces neuf jours elles soient entierement attachées à faire ce qu'ils leur
C 6

ordon-

ordonnent , & perpetuellement attentives à leurs discours à la grille, d'où ils ne se retirent qu'aux heures du repas, après quoi ils y reviennent , & s'y tiennent jusqu'à minuit qui est l'heure des matines.

Nous arrivames à ce monastere de tres bonne heure, n'étant pas éloigné du château où nous avions été si bien regalés. Dèsque ces Dames eurent appris l'arrivée de leurs directeurs, elles se rendirent toutes au parloir avec une modestie si grande , que j'en fus d'abord étonné, parceque je n'étois pas accoutumé à voir des pareils animaux. Le jour elles sont ordinairement toutes ensemble, & s'entretiennent des affaires du siecle , demandent des nouvelles de leurs

leurs parens & amis , & autres
chofes femblables ; mais le foir
qui eft le tems deftiné au filence,
elles fe retirent en de petits par-
loirs obfcurs , dont les grilles font
larges , pour jouir pleinement de
leurs Directeurs les unes après les
autres

Le Pere Provincial ne me trai-
ta pas en novice , mais en ami,
me donnant la liberté de me pro-
mener où je voudrois , fans être
obligé de m'amufer à dire mon
chapelet , comme font la plûpart
des fots & ftupides compagnons
de nôtre Ordre. Je ne fongeois
donc qu'à me recréer pendant que
ces bons Peres éprouvoient les
efprits, & attendriffoient les cœurs
de ces jeunes Dames, & je ne les
C 7   voyois

voyois ni l'un ni l'autre qu'au diner, parceque le foir ils ne foupoient pas, à caufe de collations particulieres , qui fe faifoient à la grille tous les après midis.

Il y avoit deja deux jours que j'étois en ce Couvent, fans avoir d'autre emploi que celui de la promenade, lorfque le troifiéme au matin je rencontrai un frere de Faris, qui fe promenoit feul, & étoit plongé dans une profonde rêverie. Je le fus aborder, parceque nous étions intimes amis, & lui demandai la caufe de fon chagrin ; j'aime, me repondit-il, & je cherche à trouver les moyens de contenter mon amour. Si c'eft quelque chofe lui reliquai-je en quoi je vous puiffe fervir, employes moi & je le

le ferai de tout mon cœur. Je ne
crois pas, dit-il, que vous me puiſ-
ſiez rendre ſervice en cela, toutefois comme nous manquons ſouvent de lumieres dans les choſes
qui nous importent le plus, & que
ceux qui ne ſont pas intéreſſés dans
nos affaires y peuvent trouver plus
facilement des expediens ; parcequ'ils ne ſont pas tranſportés de
cette paſſion qui nous aveugle, je
veux bien vous inſtruire du ſujet
de mon chagrin. Il y a huit jours
que je ſuis en ce lieu avec un Predicateur, lequel y eſt venu pour
le même ſujet que le pere Provincial. Nous avons contraclé habi-
tude avec trois jeunes religieuſes
fort aimables, qui ne deſiroient autre choſe, que de ſe donner entierement au plaiſir de l'amour,
mais

mais les moyens de fe contenter étant difficiles, parcequ'encore que les grilles foient larges, il eft impoffible d'y faire ce que l'on fouhaiteroit. Elles fe font avifées d'un expedient qui nous à réuffi, quoiqu'il fût affez dangereux. Une de ces filles avoit entre fes mains les clefs du refervoir du poiffon du Couvent; dans ce refervoir il y a une grille qui s'ouvre a la clef, par où s'écoule un petit ruiffeau qui lui fournit de l'eau; elle nous en donna la clef, & nous dit qu'il falloit paffer par-là, fur les deux heures du matin, revenant des matines. Suivant cet avis nous allames vifiter ce lieu de jour, pour examiner fi nous y pouvions aller fans danger, & prendre nos précautions. Nous vimes que l'eau

étoit

étoit baſſe, qu'il n'y avoit rien à riſquer, & qu'en retrouſſant notre robbe, & en nous coulant le long de la muraille, nous pourrions facilement paſſer ſans être vûs de qui que ce ſoit, à cauſe d'un grand bois qui eſt dans l'enceinte du Couvent, & qui fournit un grand ombrage.

Nous nous y rendîmes donc à l'heure aſſignée. Nous paſſames pluſieurs jours ſans bruit, & enfin nous trouvames nos trois mignonnes qui nous attendoient en bonne devotion. Comme elles étoient preparées à la choſe, il ne nous fallut point de tems à les reſoudre, quoiqu'elles nous juraſſent qu'elles n'avoient jamais connu d'hommes. Mais il ſurvint une diſpute aſſez

plai-

plaisante entr'elles , parcequ'elles étoient trois, & que nous n'étions que deux. Il y en eut une plus moderée que les autres, ou plutot qui apprehendant que le differend ne fit perdre trop de tems, dit, qu'elle attendroit volontiers que son amie eut fait, ou qu'elle remettroit la chose pour le jour suivant. Mais elle ne fut pas la plus mal partagée, parceque de ma vie je ne me suis trouvé plus vigoureux, & qu'après avoir donné quelques passades à la premiere, j'eus assez de force pour lui donner le double de ce que j'avois fait à l'autre. J'oubliois à vous dire que le Predicateur s'étoit d'abord saisi de la plus jolie & de la plus jeune, pour laquelle j'ai une passion si grande, que je ne serai jamais con-

content que je n'en aye obtenu la derniere faveur. Voilà l'unique sujet de mon chagrin, car je suis tellement entêté de l'amour que j'ai pour cette belle, que je suis re-solu de rompre plutôt avec le Predicateur, que de ne me pas satis-faire.

Il y a, me dit-il, deja quatre jours de suite, que nous conti-nuons ce train de vie, sans que j'aye pû jusqu'à present avoir en-tre mes bras celle que j'adore, & comme je suis obligé de partir de-main je rêvois aux moyens de par-venir à mon dessein lorsque vous m'avez rencontré.

Je suis bien aise, lui repondis-je, que vous m'ayez fait cette con-

fiden-

fidence, parceque j'imagine un expedient pour vous faire obtenir l'
objet de vos vœux, pourvû que
vous vouliez m'admettre en votre
compagnie. Je le veux bien, re-
pliqua-t'il, à mon égard, mais il
en faudroit parler au Pere, & je
ne sçai comment lui faire la pro-
position de vous mettre de la partie. Au contraire, lui dis-je;
il ne lui en faut point parler; ce
seroit le moyen de voir votre en-
treprise avortée, montrez-moi seulement le lieu & vous reposez sur
moi du reste. Nous allames re-
connoitre l'endroit. Il m'instruisit
de la maniere dont je me devois
conduire pour passer sans être vû,
& où je trouverois les galantes
Nonnettes. Cette affaire resolue,
je ne manquai pas de me trouver

avant

avant eux au rendez-vous. Nos
trois Religieufes y étoient dejà,
qui me demanderent où étoit le
Pere Predicateur, croyant que je
fuffe le frere. Je leur repondis
tout bas qu'il me fuivoit, & à
même tems j'en pris une & fus
commencer mon ouvrage, afin
de n'être pas reconnu avant coup
ferir. Le Predicateur & le frere
vinrent enfuite. Le frere paffa le
premier, comme je l'en avois
averti, & s'empara de celle qu'il
aimoit, tellement que le Predicateur fut obligé de s'accommoder
de la troifiéme.

Nous paffames ainfi deux heures le plus agréablement du monde, deux de ces jeunes Nonnes
ayant été mieux fatisfaites que par

le

le paffé, chacun ayant fa chacune;
après quoi nous nous retirames en
nous raillant du Predicateur, qui
avoit éte fruftré de fa proye ac-
coutumée, & qui n'eut point de
meilleures raifons pour fe defendre, que de nous dire qu'il avoit
trouvé la derniere auffi bonne que
la premiere. Nous allames enfuite vuider une bouteille d'excellent
vin, & puis nous nous jettames
chacun fur un lit, où nous repo-
fames, jufqu'à dix heures qu'ils s'é-
ueillerent, & moi pareillement.

Ils furent dire adieu à leurs filles
de joye fpirituelles & après avoir
dîné ils me dirent, qu'ils étoient
bien aifes de prendre congé du
Pere Provincial, parcequ'ils vou-
loient partir dans une heure, afin
d'être

d'être le lendemain matin à Paris. Je fortis pour aller trouver le P. Provincial à la grille, où il avoit dîné ce jour-la, leur difant de m'attendre, & que j'allois voir s'il étoit difpofé a recevoir leurs adieux, & leur donner fa bénédiction,

Je montai au parloir de la Prieure où il s'entretenoit ordinairement avec quelques-unes de ces filles. J'ouvris la porte fans heurter, quoique ce foit la coutume parmi les Moines & les Moineffes : mais j'avois tellement hauffé le godet que je n'y fongeai pas. J'apperçus en ouvrant la porte, oferai-je le dire! notre Reverend Pere Provincial dans l'action du monde la plus lafcive ; il étoit couché fur

le

le dos tout de son long, sur la planche placée devant la grille, sa robbe levée, & sa mutande abaissée, & de l'autre côté étoit une de ces belles Nonnettes, dont les juppes & la chemise étoient trouslées, & dont la main faisoit quelque office pour éviter l'oisiveté. Ce spectacle me surprit si fort, que je tirai la porte à moi avec beaucoup plus de précipitation que je ne l'avois ouverte, & courus chercher le Secretaire, sans sçavoir pourquoi ; j'étois pris de vin & étourdi de ce que je venois de voir, j'entrai si brusquement dans le parloir où il étoit, que je rompis les verroux qu'il avoit eu la prudence de fermer, de crainte de surprise. Mais si mon étonnement avoit été grand, à la vûe de l'état auquel

quel j'avois trouvé le Pere Provincial, celui auquel je rencontrai le Secretaire fut bien quelque chofe de pis. Il étoit couché fur deux chaifes, le vifage pâle, la corde défaite, fes fandales éloignées de lui, fon habit levé à la negligence & une jeune Dame lui tenoit la main au travers de la grille. Je courus d'abord pour le fecourir, mais la pofture, où je vis la Dame en m'approchant, me fit bien voir qu'il n'étoit mort que pour revivre. Je les laiffai tous deux faire ce qu'ils voulurent, après qu'elle m'eût affurée que ce ne feroit rien, & je vins dire à ceux qui m'attendoient, que le Pere Provincial leur fouhaitoit un heureux retour au Couvent, & qu'il fe recommandoit à leurs faintes

D

prie-

prieres, ne les pouvant pas voir, à cause d'une affaire importante, qui lui étoit survenue. Nous bûmes le vin de l'étrier, je les conduisis jufqu'à demie lieue de-là, d'où je revins voir si je trouverois moyen d'achever ma neufvaine auffi bien que je l'avois commencée, fans me mettre en peine de ce que le R. P. Provincial & le Pere Secretaire firent davantage.

Je contractai une liaifon plus étroite avec nos trois jardinieres, & j'allois toutes les nuits au rendez-vous du refervoir, où je goutois avec ces charmantes filles toutes les delices de l'amour.

Cette agréable neufvaine finie il falut reprendre la route de Paris. En

En chemin nous allames voir nos belles hôtesses, qui nous regalerent à miracle , & ce fut-là où se terminerent les douceurs de nôtre voyage. J'aurois bien voulu qu'il eût continué plus de tems; car on ne peut rien souhaiter d'avantage , que d'avoir de belles femmes , grande chere , & des bons lits.

Etant arrivé à Paris je suivis l'exemple de mon Provincial & j'envoyai à ces Religieuses certaines eaux pour servir à la guérison des hydropisies que l'amour peut engendrer. J'aurois bien souhaité, que nous eussions retourné souvent au même lieu, ou fait autre part de semblables courses , mais cela ne pouvant arriver que deux

fois

fois l'année, tout ce que je pouvois faire, étoit de me ménager l'amitié de quelque Predicateur, à qui je fervirois de compagnon, lorfqu'il iroit prêcher en quelque illuftre Couvent. Je fus deux fois employé à cet office, mais nous demeurions fi peu dans les lieux où nous allions, qu'à moins d'y avoir des habitudes toutes formées, comme la plûpart de nos Peres, je n'y pouvois gouter d'autre plaifir que celui d'un magnifique traitement.

Je pourrois donner mille exemples de leur lubricité, de leurs facrileges, du fubornement qu'ils font dans les cloitres d'une infinité des vierges, & des adulteres qu'ils commettent journellement dans les maifons maisons privées, mais j'apprehenderois par ce recit de toutes leurs infamies de scandaliser les oreilles chastes des personnes qui liront ce petit ouvrage, que je terminerai par une historiette qui prouvera la vie licentieuse & debauchée de ces Reverends Peres, & qui levera le masque hypocrite a la faveur duquel ils abusent de la simplicité & de la bonne foi de ceux qui se fient à leur devotion apparente.

Un des plus celébres de l'Ordre par sa qualité & par sa science, trouva le moyen par ses intrigues de se faire élire Gardien du Couvent de Provins, qui est une ville renommée par toute la Chrétienté pour les crimes que les Francisquains ont commis avec une infini-

té

té des Religieuſes qu'ils y ont de-bauchées. Ce Reverend Pere qui étoit Gardien en l'annee 1676. fut l'origine, le chef, & la cauſe de l'abandonnement, de la deſtruction, & de tous les égaremens de ces pauvres filles. Ce Capucin eſt l'homme du monde le mieux fait & je puis dire que de grandeur de corps & de barbe il n'y en a aucun dans l'Ordre , qui ne lui cede. Il a l'eſprit ſubtil & perſua-ſif, ſi la memoire ne lui avoit pas manqué il ſeroit aſſurèment un des plus habiles & des plus recherchés Predicateurs de ſon ſiécle.

Comme il ne ſouhaitoit d'arri-ver au Gardianat , que pour ſui-vre impunement ſes deſirs effrenés, ſans apprehender d'être expoſé à

la

la cenſure de qui que ce ſoit , il s'abandonna entierement au pouvoir de ſes ſens , ne negligea rien de ce qu'il croyoit propre à contribuer à ſes plaiſirs , mettant toute ſon étude à trouver les moyens de ne rien refuſer à ſa ſatisfaction. Il ſe ſervit à cet effet pour compagnon d'un frere , qui avoit paſſé une partie de ſa vie dans des intrigues amoureuſes, qui profeſſoit preſque publiquement la proſtitution , & dont les rares talens dans ce negoce l'avoient toujours fait rechercher de ceux qui étoient adonnés à ce vice. J'en parle avec une eſpece de certitude, puiſqu'il ne faiſoit pas myſtere de ſe declarer , & que c'eſt de lui que je tiens cette hiſtoire.

D 4

Au

Au commencement des vendanges qu'il envoyoit quêter du vin
aux villages circonvoifins , il lui
prit envie de fçavoir à quoi fe pouvoit monter la quantité qu'il en
efperoit avoir , afin de le faire
mettre en même tems dans un lieu
fur, pour l'envoyer enfuite querir
peu-à-peu, fuivant le befoin qu'il
en auroit. Allant donc côté & d'autre dans les Vignes, il apperçut une
jeune fille villageoife, agée d'envi-
ron dix huit ans, qui dans fon vêtement affez propre, pour une perfonne de fon état, faifoit briller une
beauté capable d'effacer tous les char-
mes de la Cour. Nôtre Gardien en
fut d'abord épris; ce loup raviffeur
de la pudicité des vierges fit incontinent deffein de s'en emparer, & ce
fut pour parvenir à fe pernicieufe in-
ten-

tention, qu'il s'enquit d'où elle étoit
& à qui elle appartenoit. Elle lui
montra la maison de son Pere, où in_
continent après, il alla voir ce bon
homme, qu'il pria avec cet air hypocrite, qui seduisoit tout le monde,
de lui vouloir prêter quelque tems un
lieu pour mettre le vin de sa quête. Ce
bon homme qui ne jugeoit des choses que par l'apparence, crut que
c'étoit par un effet d'une bénédiction
Divine, que le bon Religieux s'adres-
soit à lui; il lui accorda ce qu'il de-
mandoit, croyant qu'il avoit l'ame
aussi simple que le vêtement, & qu'il
n'avoit point d'autres vûes, que celles
de gagner le Ciel. Il lui offrit donc
une cave, lui disant qu'il pourroit
disposer de sa maison, & de tout ce
qui lui appartenoit, le priant ensuite
de prendre un verre de vin, pour se

D 5 ra-

rafraichir , & de vouloir accepter
une petite collation. Le Pere Gardien l'ayant acceptée, ils se mirent ensemble à table , où le Gardien, pour
prévenir l'esprit de ce bon homme
en sa faveur, ne l'entretint que de
choses saintes , & autant familieres,
qu'il étoit necessaire pour s'accommoder à l'esprit de ce villageois qui
croyoit avoir un ange humanisé dans
sa maison; pendant le tems qu'ils
étoient à table, la fille arriva, qui lui
presenta à boire par l'ordre de son
Pere. Il fut si transporté à cette vûe
qu'à peine se put-il retenir de lui declarer son amour, & ce ne fut pas
sans se faire une grande violence,
qu'il ne lui en donna pas des marques, & qu'il se reserva pour une
occasion plus favorable, qu'il espe-
roit

roit de rencontrer facilement avec le tems, comme elle arriva par la fuite.

Il fortit de la maifon, promettant qu'il leur viendroit fouvent rendre vifite, comme en effet il n'y manquoit prefque pas un jour. Il amufoit le Pere & la Mere par des belles paroles, faifoit des careffes aux jeunes enfans, & des prefens à la fille de qui, il gagna l'amitié, s'attirant fi bien l'inclination de toute la famille, qu'il fe rendit comme le maitre du logis.

Il paffa ainfi l'Hiver, fans que fes affaires fuffent plus avancées, dont fon compagnon n'étoit pas fort fatisfait, à ce qu'il m'a dit, à caufe du grand froid, & qu'il n'ofoit parler devant fon Gardien, qui toutefois

D 6

lui

lui avoit declaré son intention, par-
ce qu'il jugeoit bien avoir besoin de
son ministere pour arriver à son
but.

Le Printems venu , ces bonnes
gens venoient ordinairement les di-
manchés & les fêtes rendre visite
au Pere Gardien; il les recevoit toujours avec des temoignages de la plus
grande amitié du monde, leur faisant
grande chere, & pour ôter tout scru-
pule à la fille d'entrer seule une autrefois dans le Convent, il y fit un jour
entrer toute la famille pour y diner
& voir la maison.

Il en usa plusieurs fois de la même
maniere, & l'Eté se passa entierement
sans qu'il eut pû trouver l'occasion
propre à son dessein. L'Automme
qui

qui eſt la ſaiſon de la recolte fut auſſi celle qui lui fit recueillir les fruits de ſes travaux amoureux. Pour y parvenir, il pria cette fille de lui apporter un jour qu'il lui marqua, des fruits, qu'il ſçavoit être chez elle, dont il n'avoit pas au Couvent, lui diſant qu'il lui en donneroit des plus beaux qu'il auroit. Elle lui promit de le faire, & le jour arrivé il envoya dix de ſes Moines hors du Couvent, en des villages de côté & d'autre, & ne ſe reſerva dans la maiſon qu'un de ſes intimes amis, & ſon compagnon, complice des toutes ſes mechancetés.

La jeune villageoiſe vint ſur les quatre heures ſonner â la porte, le compagnon lui fut ouvrir, & lui

D 7

dit

dit en riant, entrez ma fille, je vais avertir le Reverend Pere Gardien. Elle n'en fit aucune difficulté.

Le Frere fit semblant d'aller sonner les complies, pour ne lui donner aucun soupçon, & pour éviter le scandale; quoiqu'il n'y eut personne pour chanter.

Le Gardien la vint joindre qui la salua aimablement, lui difant, ma belle enfant. je n'ai point de pannier pour mettre mes truits, prenez la peine de venir avec moi, je vous en donnerai d'autres pour mettre à la place des votres. Elle le fuivit fans refiftance dans fa chambre. où il y avoit une collation bien apprêtée; il n'eut pas beaucoup de peine à la perfuader

fuader de boire & de manger. Il y avoit d'excellent vin d'Efpagne dont elle but largement, & les deux amis qui s'y [trouverent, après l'avoir un peu mife en train à force de boire, fe retirerent, fuivant l'ordre que leur en avoit donné le Pere Gardien, qui ne fe vit pas plutôt feul, qu'il fe mit en devoir d'executer ce qu'il y avoit fi longtems projetté. Il la jetta en badinant fur fa couchette, elle fit au commencement un peu de refiftance, mais comme elle avoit de l'efprit, beaucoup d'amour & un peu le vin dans la tête, elle laiffa faire au Gardien ce qu'il fouhaitoit depuis fi longtems; il la conjura enfuite de continuer avec lui cette maniere de vie, & de le revenir voir fouvent, ce qu'elle a fait l'efpace de

deux

deux années de tems qu'il resta dans ce Couvent, pendant lequel il ne denia pas a son compagnon la part qu'il devoit prendre à cette conquéte, ainsi qu'il me l'a raconté.

Voila les rufes les plus communes qu'ils mettent en usage pour contenter leur desirs lascifs. Le manteau de la devotion leur sert pour couvrir leurs imperfections, leurs paroles sont édifiantes en certaines occasions, & leurs actions les démentent. Ils paroissent avoir des intentions pures, lorsque leurs cœurs sont des cloaques d'impureté, & l'hypocrisie seule favorise leurs vices. Il n'y a que les idiots & les simples, qui ne s'abandonnent pas aux crimes, que la plûpart commettent.

tent, & qui feroient plus propres à
faire la guerre à l'Italienne s'ils y trou-
voient des conquêtes faciles qu'à de-
meurer faineans dans le cloître; ou
s'il y en a quelques-uns bien éclai-
rés, qui ne tombent pas dans ces depravations generales, c'eft une efpe-
ce de prodige, dont on voit peu d'-
exemples, puifqu'ils fuivent pres-
que tous. fans exception les mêmes
traces, & qu'ils ne fe contentent pas
de detruire entierement par leurs œu-
vres la pauvreté & la chafteté, qui
font leurs deux vœux principaux,
mais qu'ils detruifent encore le dernier qui eft-celui de l'obédience

Nos fuperieurs, par un principe
de politique envoyent fouvent dans
les villages, de nos Prédicateurs à la
dou-

douzaine, pour y inſtruire les pay-
ſans; qui nous donnent leur ſang lors
des vendanges, ou lors du tems des
huiles, ou pour gagner les bonnes
graces des Gentilhommes qui en ſont
les Seigneurs. Ces ſortes de mis-
ſions ne leur ſemblent pas fort glo-
glorieuſes, ni capables de leur procurer beaucoup de plaiſir, ils s'en defendent tous avec opiniatreté, ſe ren-
voyent de Caïfe à Pilate, ou ſe diſant
incommodés de l'eſtomac. Mais
quand il s'agit de prêcher une Octave
ou de faire panegyrique de quelque
grand Saint, dans un celebre Couvent
de Religieuſes, perſonne ne ſe fait
tirer l'oreille, tont le monde aſpire
d'y aller, & les plus vieux, qui ſont
ſouvent le plus fols, ſollicitent ſi puiſ-
ſamment, que l'on leur accorde la
per-

permiſſion de remplir ces fonctions, qu'un pauvre Gardien eſt forcé, contre ſon inclination, de ſe rendre aux importunités de ces vains Religieux.

Si on les euvoye aſſiſter quelque malade avec ordre exprès de retourner au logis, ils feignent toujours que l'on n'a pû ſe paſſer de leurs aſſiſtances, pour quelque objet, qui les flatte bien d'avantage, que l'interêt du ſalut d'une ame, qui eſt prête d'aller à Dieu, ne les retient.

Le motif d'aller prêter du ſecours à des perſonnes, qui ne ſont exiſtentes que dans l'imagination de ces amis de la voluptè, en tire quelque fois la moitié hors le cloître, qui ne cherchent que le divertiſſement. J'en

parle

parle comme fçavant, puifqu'étant
fortis un jour plus de vingt fous cou-
leur d'aller affifter des malades, nous
nous trouvâmes au nombre de qua-
torze Capucins à fouper en l'Abbaye
de Saint Denis en France, où la Charité des Religieux de Saint Benoit nous
regale toujours fplendidement. Ce
fut dans ce celebre monaftere, que
converfant familierement avec celui
qui a le foin de recevoir les hôtes,
j'appris à notre confufion, que contre
l'ordre qui nous eft donné de nous
rencontrer, autant que cela fe peut,
aux heures de la refeftion ordinaire
des Religieux, pour leur être moins
à charge, nos confreres qui font mieux
traités, & fe rejouiffent avec plus de
liberté en la chambre des hôtes qu'au
Refeftoire, s'arrêtent exprès une heure

re ou deux fous un arbre près de la ville, pour laiffer paffer le tems de la Refection des Moines, & pour éviter d'obéir au commandement, qui nous eft fi formel, de tâcher de nous rencontrer au même Refectoire avec eux. C'eft ce dont ce bon Frere, avec qui je conferois, m'affura avoir été plus de mille fois temoin.

Autrefois les Superieurs généraux avoient fait defenfes, fous peine de desobéiffance formelle, d'ufer de chapelets de coco ou de fenteur, de cordes d'un fin tiffu nouées d'une manière nouvelle, de medailles d'or ou curieufes, & cent autres chofes de prix qui ne tendoient qu'à alterer le vœu de pauvretê, mais voyant que c'étoit battre l'eau, & que c'étoit à

fe

fe chargeroit le plus de ces riches bagatelles ils ne fe font plus mis en peine d'en defendre la recherche, de
crainte de fe detruire eux-mêmes dans
l'efprit de leurs inferieurs, dont l'humeur fuperbe ne fçauroit confentir à
fe depouiller de l'amour de ces chofes,
dont ils tirent de la gloire, & qui les
fait ce femble diftinguer des fimples,
& de ceux de la lie du Convent.

Il eft certain que l'efprit d'obeiffan-
ce eft fi fort éteint parmi nous, que
jamais Gardien ne hafarde de rien
commander, qu'il ne foit auparavant
affuré, que fon commandement fera
bien reçu de celui à qui il eft addreffé.

La plûpart des Anciens, qui pour
s'affranchir du joug de l'obëiffance,
for-

sortent selon leur volonté, pour aller où la volupté les appelle, ne sont jamais en disposition de suivre d'autre mouvement que celui de leur amour propre. Inclination qui n'est que trop connue des Superieurs, qui cependant se la dissimulent à eux-mêmes, leur gouvernement n'étant que de trois ans, après lequel tems expiré il sont bienaises de jouir comme les autres de leur liberté.

Au reste il seroit inutile d'ajoûter que chez nous chacun vit dans l'independance & à sa guise. Il faudroit avoir fait quelque tems profession du Capucinage, ou avoir été fort familier avec nous, pour se laisser convaincre par nos depits & nos murmures de l'état que nous faisons du

vœu

vœu d'une foumiſſion aveugle. Ceux
qui auront pris la peine de lire cette
confeſſion naive que je viens de faire
de nos pratiques, m'ont dû reconnoî-
tre trop ſincere, pour douter de mon
dernier temoignage.

Voila ce que j'avois à dire pour la
decharge de ma conſcience ſur la vie
& la conduite de mes Freres. J'eſpere qu'on me pardonnera le peu d'ordre & de liaiſon que j'ai obſervé dans
ces Memoires, & qu'on me fera la ju-
ſtice d'avouer qu'un homme qui n'a
point des lettres, & qui ne ſuit que
l'impetuoſité du zêle qu'il a de de-
maſquer le menſonge, pourroit être
très - difficilement plus regulier,
plus exact & plus ſuivi.

F I N.

www.ingramcontent.com/pod-product-compliance
Ingram Content Group UK Ltd.
Pitfield, Milton Keynes, MK11 3LW, UK
UKHW031836170726
13836UKWH00004B/1715